ローマ字表（ヘボン式）

この本では、英語の文章のなかで日本語の言葉を書きあらわすとき、この表にしたがってローマ字で表記しています。

	a	i	u	e	o	ya	yu	yo
	a ア	i イ	u ウ	e エ	o オ			
k	ka カ	ki キ	ku ク	ke ケ	ko コ	kya キャ	kyu キュ	kyo キョ
g	ga ガ	gi ギ	gu グ	ge ゲ	go ゴ	gya ギャ	gyu ギュ	gyo ギョ
s	sa サ	shi [si] シ	su ス	se セ	so ソ	sha シャ	shu シュ	sho ショ
z	za ザ	ji [zi] ジ	zu ズ	ze ゼ	zo ゾ	ja ジャ	ju ジュ	jo ジョ
t	ta タ	chi [ti] チ	tsu [tu] ツ	te テ	to ト	cha チャ	chu チュ	cho チョ
d	da ダ	(ji) [zi] ヂ	(zu) ヅ	de デ	do ド			
n	na ナ	ni ニ	nu ヌ	ne ネ	no ノ	nya ニャ	nyu ニュ	nyo ニョ
h	ha ハ	hi ヒ	fu [hu] フ	he ヘ	ho ホ	hya ヒャ	hyu ヒュ	hyo ヒョ
p	pa パ	pi ピ	pu プ	pe ペ	po ポ	pya ピャ	pyu ピュ	pyo ピョ
b	ba バ	bi ビ	bu ブ	be ベ	bo ボ	bya ビャ	byu ビュ	byo ビョ
m	ma マ	mi ミ	mu ム	me メ	mo モ	mya ミャ	myu ミュ	myo ミョ
y	ya ヤ	(i) イ	yu ユ	(e) エ	yo ヨ			
r	ra ラ	ri リ	ru ル	re レ	ro ロ	rya リャ	ryu リュ	ryo リョ
w	wa ワ	(i) イ	(u) ウ	(e) エ	(o) オ			

（注）［　］は訓令式表記。

- 「ん」はnであらわします。ただし、p、b、mの前ではmを用いることがあります。
  例：**tempura**　てんぷら
- 「ん」がa、i、u、e、o、yの前にきたときは、「'」をいれます。
  例：**kon'ya**　こんや
- つまる音「っ」は、次の文字をかさねてあらわします。
  例：**gakki**　がっき
- のばす音は、aiueoの上に「＾」をつけてあらわします。
  例：**shôgi**　しょうぎ
- 人名、地名などの最初の文字は大文字にします。
  例：**Tanaka**　たなか
- 日本語が英語の文章のなかにローマ字ではいるときは、斜体にします。
  例：*Ohanami* is cherry blossom viewing.

Welcome to Japan!

英語で日本を紹介しよう

日本の学校と生活
School Life and Daily Life in Japan

①

監修：居村啓子

ポプラ社

この本のつかい方

このシリーズは、あなたが知りあった外国の人に、やさしい英語をつかって日本について紹介するための本です。

一日の生活のなかで、家庭と学校で交わされるさまざまな場面でのやりとりを、時間の経過にしたがって紹介しています。

各項目の最初に、わたしたちの日常生活をかんたんな英語の文章で紹介しています。日本人のみなさんがいいやすく、外国の人たちにわかりやすい英文をつかっているので、異なった文化の国から来た人びとに、日本のことをじょうずに伝えることができます。さらに、その日常生活について日本語の説明を加えていますから、みなさんの理解も深まります。

おはよう　six forty
給食　twelve ten
おやすみ　nine fifty

● 「言葉メモ」は、英文を読み進めるうえで、たいせつな言葉を取り上げています。本文理解に役立ちます。

言葉メモ　morning：朝

● 海外豆知識は、外国の文化、地理、習慣など、日本とのちがいを紹介しています。

● 小コラムは、そのページのテーマについて、知っておくと役立つことを紹介しています。

和楽器の種類

● ページコラムは、日本と外国のちがいについて、楽しい話題を用意しました。

COLUMN

● ミニ情報（40〜45ページ）は、日本の学校と生活についてのさまざまな情報をのせています。日本についてあらためて知ることは、外国の人と話すうえで役立つでしょう。

ミニ情報
日本について知っているかな？
What do you know about Japan?

● 本文ふりがな

英語の発音をかたかなで書きあらわすのはむずかしいですが、みなさんが英語に親しみやすいように、できるだけ発音にちかいふりがなをつけています。太いふりがなは少し強く発音します。

（例）
ディド　ユー　スリープ　ウェル
Did you sleep well?

● CDの利用

このシリーズの5巻セットにはCDがついています。正確な発音を知るためにCDをきくことをおすすめします。はじめは静かにきいて、二度目以降はいっしょに発音してみましょう。

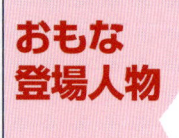

おもな登場人物

キャシーは、オーストラリアから恵美の家へホームステイに来ています。日本とオーストラリアの生活のちがいにおどろき、楽しんでいます。

佐藤健太（11歳）6年2組
キャシー・アダムス（12歳）
田中敦子先生（28歳）6年2組 担任
石川恵美（12歳）6年2組

Welcome to Japan!

英語で日本を紹介しよう ①

日本の学校と生活
School Life and Daily Life in Japan

もくじ

この本のつかい方 …………………………… 2

おはよう　Ohayô ……………………………… 4
洗顔　Sengan ………………………………… 6
朝食　Chôshoku ……………………………… 8
登校　Tôkô …………………………………… 10
授業　Jugyô …………………………………… 12
コラム　漢字 ………………………………… 14
コラム　ひらがな／かたかな ……………… 16
給食　Kyûshoku ……………………………… 18
クラブ活動　Kurabu katsudô ……………… 20
コラム　学校行事 …………………………… 24
下校　Gekô …………………………………… 28

習いごと　Naraigoto ………………………… 30
夕食　Yûshoku ………………………………… 32
ふろ　Furo …………………………………… 34
だんらん・くつろぎ　Danran/Kutsurogi …… 36
おやすみ　Oyasumi ………………………… 38
ミニ情報 ……………………………………… 40
おもな日本の学校制度／日本の家屋／家屋にあるもの

さくいん ……………………………………… 46

おはよう

six forty　Ohayô

Ohayô in English is "good morning".

「おはよう」は英語で「グドモーニング」です。

Good morning, Cathy!
おはよう、キャシー！
Did you sleep well?
よくねむれた？

石川恵美 (いしかわえみ)

Good morning, Emi.
恵美、おはよう。
Yes, I did. Thanks!
うん。よくねむれたよ。ありがとう！

キャシー・アダムス

言葉メモ　morning：朝

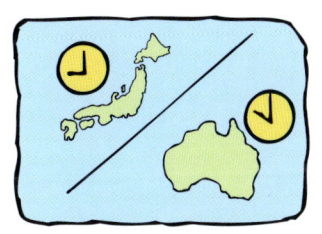

日本は、日付変更線からすぐ西にある国で、世界のなかでも一日が早くはじまります。オーストラリアも早くはじまる国で、時差は1時間ぐらいしかありませんから、時差ぼけの心配はありません。

fold up the *futon*
ふとんをたたむ

Japanese bedding is called *futon*. We fold it up, and put it in the closet every day.

日本の寝具であるふとんは、毎日たたんでおしいれにしまいます。

It's very different than a bed.

それがベッドとの大きなちがいです。

fold up the blanket
かけぶとんをたたむ

put the *futon* and pillow in the closet
ふとんとまくらをおしいれにしまう

fold up the mattress
しきぶとんをたたむ

海外豆知識 オーストラリアの4月は秋

南半球に位置するオーストラリアは、日本との時差は小さいですが、季節は逆です。

日本では4月は春ですが、オーストラリアやニュージーランドでは秋です。

洗顔(せんがん)

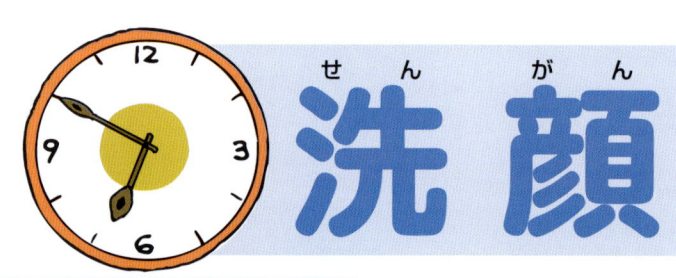

six fifty Sengan

I wash my face soon after I get up.
おきてすぐに顔を洗います。

I brush my teeth after breakfast.
朝食のあと、歯をみがきます。

washroom
洗面所(せんめんじょ)

mirror 鏡
toothbrush 歯ブラシ
washstand 洗面台(せんめんだい)
toothpaste 練り歯みがき
towel タオル

In Japan, the wash room and the toilet are in different places.
洗面所(せんめんじょ)は、トイレとは別なのね。

言葉メモ get up:おきる

日本では洗面所は、おもに浴室の手前の服をぬぐ場所にあります。トイレやふろは、せまいアパートなどをのぞけば、別の部屋になっています。

　外国では、洗面所、ふろ、トイレがいっしょの場合が多いです。"bathroom"は、ふろとトイレの両方をさす言葉です。寝室ひとつにつき、ひとつの"bathroom"がある家も多いです。

toilet
トイレ

washstand
洗面台

bathtub
浴そう
（ふろ）

bathroom
浴室

In my country, the toilet and the bathtub are in the same room.
わたしの国ではトイレとふろがいっしょにあるよ。

Really?
本当？

海外豆知識　がらがらうがい

　日本では、歯をみがくとき以外にも、かぜの予防や病気を防ぐために、よくうがいをします。外国では日本ほどうがいをしません。とくに口に水をいれて「がらがら」とうがいをする習慣はなく、音をたててうがいをすることが、いやがられることもあります。

朝食

seven o'clock Chôshoku

We're having a Japanese breakfast.
今日の朝食は和食です。

I hope you like it, Cathy.
キャシーが気にいるといいんだけど。

- nattô (fermented soybeans) / 納豆
- rice / ごはん
- rolled omlet / 卵焼き
- grilled fish / 焼き魚
- chopsticks / はし
- miso soup / みそしる
- pickled vegetables / つけもの
- dried seaweed / のり

日本の朝食は、ごはんとみそしるにつけもの、焼き魚か卵焼き。これに焼きのりや納豆などをそえます。また、洋風のパンに、牛乳、サラダやハムなどの朝食もよくだされます。

恵美: **Cathy, this is *nattô*. Mix it well.**
キャシー、これ納豆だよ。ぐるぐるよくかきまぜてみて。

キャシー: **Wow! It got sticky.**
うわっ！ねばねばしてきた。

恵美: **You put it on rice and eat it with soy sauce.**
しょうゆで味をつけて、ごはんにかけて食べるのよ。

海外豆知識　オーストラリアの朝食

アメリカやヨーロッパの朝食はパンが多いのですが、シリアルやオートミール（えん麦）なども食べます。オーストラリアでよく食べるのが、イーストからつくるかっ色で塩気のある発酵食品「ベジマイト」。これをトーストにぬって食べたりします。人気のある食品ですが、独特の風味のため、納豆のように食べられない人もいます。

登校

seven fifty Tôkô

We walk to school.
学校へは歩いて行きます。

Are you ready to go?
準備できた？

Take care, girls.
気をつけてね。

Yes, I'm ready. Let's go!
だいじょうぶよ。
行きましょう！

going to school in a group
集団登校

put on shoes
くつをはく

entryway
玄関

言葉メモ　indoor：室内の

小学校への登校は、日本では徒歩がふつうです。最近は、集団登校が多くなりました。地域や学校によっては、スクールバスを利用します。

オーストラリアでは、スクールバスか自家用車での送り迎えのほか、自分で自転車やキックスクーターをこいでかようこともあります。

door とびら

shoe shelf くつ箱

We change our shoes here.
ここでくつをはきかえるのよ。
We wear special indoor shoes called *uwabaki*.
「うわばき」は、室内ばきなの。

You have your name on your *uwabaki*. That's interesting.
うわばきに名前を書いているのね。なるほど。

take off shoes here
くつをぬぐ

いってきます／いってらっしゃい

英語には、「いってきます」「いってらっしゃい」にぴったりあてはまる言葉はありません。次の言葉がもっとも近いでしょう。

いってきます ➡ I'm going (now). I'm off.（出かけます）
いってらっしゃい ➡ See you later. Have a nice day.（またあとで。よい一日を）

Have a nice day.
I'm going.

授業

half past eight　Jugyô

This is my classroom.
ここがわたしの教室です。

We have most of our lessons in the room.
ほとんどの授業はこの教室でうけます。

- blackboard　黒板
- eraser　黒板消し
- chalk　チョーク
- class schedule　時間割

俳句

言葉メモ　lesson：授業　subject：教科

日本の小学校では、ほとんどの教科を担任(たんにん)の先生が教えることが多いです。

オーストラリアやアメリカなどの国では、各教科の専門(せんもん)の先生が多くいて、その先生の教室に移動(いどう)して授業(じゅぎょう)をうけることが多いです。

キャシー
ワト サブヂェクツ ドゥ ユー ライク
What subjects do you like?
何の教科が好き？

恵美
アイ ライク ヂャパニーズ
I like Japanese.
国語が好きよ。

アイム イスペシャリ インタラスティド イン ハイク
I'm especially interested in *haiku*.
とくに「俳句(はいく)」がおもしろいの。

キャシー
オウ ハイク
Oh, *haiku*!
アイ トライド ザト ワンス バト イト ワズ ディフィカルト
I tried that once, but it was difficult.
あぁ！ハイクね。
一度つくったことがあるの。むずかしかったわ。

やれ打つな はえが手をする 足をする
17文字

海外豆知識(かいがいまめちしき) 俳句(はいく)とhaiku(ハイク)

季語(きご)（四季をあらわす言葉)を用いて、わずか17文字で感性(かんせい)豊(ゆた)かに表現(ひょうげん)する俳句(はいく)は、海外でも知られ、たくさんのファンがいます。

英語俳句(はいく)は、三行の短い詩のようなものです。アメリカには、いくつものhaiku協会があり、定期的に大会もひらかれています。

Let's make haiku!
俳句をつくろう!

COLUMN

漢字

There are about 50,000 *kanji*.

漢字は約50,000字あります。

We use about 2,000 to 3,000 in our daily lives.

日常で使う漢字は、2,000〜3,000字です。

Some *kanji* represent ideas.

漢字の形には、意味がもとになったものがあります。

And some represent things.

ほかに、漢字のなりたちがもとになったものもあります。

from ideas 意味から

☺ → 上　up：上

☹ → 下　down：下

from things なりたちから

🌳 → 木 → 木　tree：木

〜 → 〜 → 川　river：川

⛰ → ⛰ → 山　mountain：山

Combinations of kanji create different meanings.

漢字を見れば、意味がわかります。

Here's an example.

こちらに例があります。

Birds sing. 鳥が鳴く。

口 + 鳥 → 鳴く

mouth　bird　to sing
口　　鳥　　鳴く

It's amazing! Only one *kanji* conveys a meaning.

すごーい！
漢字って、一字だけでも意味があるんですね。

The letters of the alphabet don't have meanings. They're similar to *hiragana* and *katakana*.

アルファベットだとそれぞれの文字に意味はないものね。日本語でも、ひらがなとかたかながそうよ。

15

ひらがな／かたかな

Hiragana are made from kanji.
ひらがなは、漢字からできました。

The shapes are simpler.
かんたんな形です。

They don't have meanings, just sounds.
ひらがなに意味はありません。音だけです。

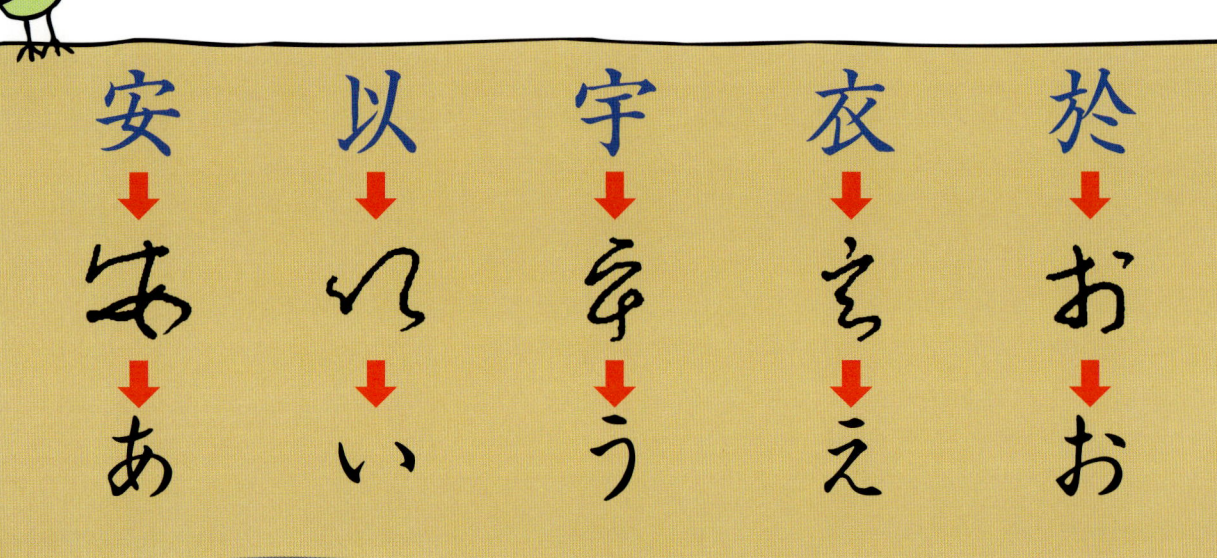

安 → あ → あ
以 → い → い
宇 → う → う
衣 → え → え
於 → お → お

Each hiragana character is formed by simplifying a kanji.
ひらがなは、漢字をかんたんにしているのよ。

It looks easier to write than kanji.
漢字より書きやすそう。

Katakana are mostly made from parts of *kanji*.

かたかなは、ほとんど漢字の一部分からつくられました。

They are mainly used for loan words and the names of animals and plants.

かたかなは、おもに外来語や動物、植物の名前に用いられます。

阿 → ア a
伊 → イ i
宇 → ウ u
江 → エ e
於 → オ o

Cathy, your name can be written in *katakana*.

キャシー、あなたの名前もかたかなで書きあらわせるわよ。

Please teach me how to write it.

書き方を教えてください。

外来語 loan word

外国の言葉が、日本語に取りいれられたものです。なかには、本来の意味とはちがった言葉になったものもあります。たとえば右の「アルバイト」は、もとは「働く」という意味です。

(例) ガーゼ、アルバイト（ドイツ語）、ガラス、ランドセル（オランダ語）、タバコ、パン（ポルトガル語）、アンケート、メニュー（フランス語）、カード、スリッパ（英語）

給食

twelve ten Kyûshoku

School lunch is offered to every student.

学校では給食がでます。

Please wait for your turn.
順番まっててね。

There's enough for everyone.
みんなの分はちゃんとあるから。

lunch server
給食当番

- fruit / くだもの
- milk / 牛乳
- rice / ごはん
- chopsticks / はし
- side dish / おかず（副菜）
- main dish / おかず（主菜）
- soup / しるもの

言葉メモ turn：順番、当番　dish：皿、料理

日本の小学校の昼食は、給食が主です。教室でクラスの当番がもりつけをします。ランチルームがあるところもふえています。

オーストラリアでは、弁当を持参するか、学校の売店で注文をします。ランチタイムのほかにティータイムもあり、どちらも教室以外でとります。

I plan the menu based on nutritional value.
栄養を考えてメニューを決めます。

School lunch is a balanced meal.
給食は、バランスのよい食事です。

Students take turns serving lunch.
生徒が当番制で給食係をします。

dietitian
栄養士

popular school lunches
給食の人気メニュー

curry and rice
カレーライス

Chinese noodles
ラーメン

fried bread
あげパン

Chinese-style fried rice
チャーハン

udon noodles
うどん

クラブ活動

three o'clock Kurabu katsudô

club activities
クラブ活動

クラブ活動には、からだをきたえる運動部と芸術などの創作活動をする文化部があります。クラブ活動は、学校の授業に組みこまれています。最近では、日本の伝統的な文化を取りいれた活動がふえています。

● 柔道

Jûdô is a Japanese martial art.
柔道は日本の格闘技です。

It's also an Olympic sport.
またオリンピック競技でもあります。

ukemi 受身
uniform 柔道着
throwing techniques 投げ技
belt 帯

You must know *ukemi* first. It is a posture for preventing injury.
はじめに受身をおぼえておきます。
けがを防ぐための姿勢です。

ôsotogari 大外刈り

言葉メモ　martial：勇敢な、たたかいの

柔道や剣道など、日本の伝統的なたたかいのわざを武道といいます。武道は「礼にはじまり礼に終わる」とよくいいます。試合の前と後に礼（おじぎ）をすることで感謝の気持ちをあらわします。また、相手に尊敬の気持ちをもち、自分を冷静にたもつことができます。

●剣道

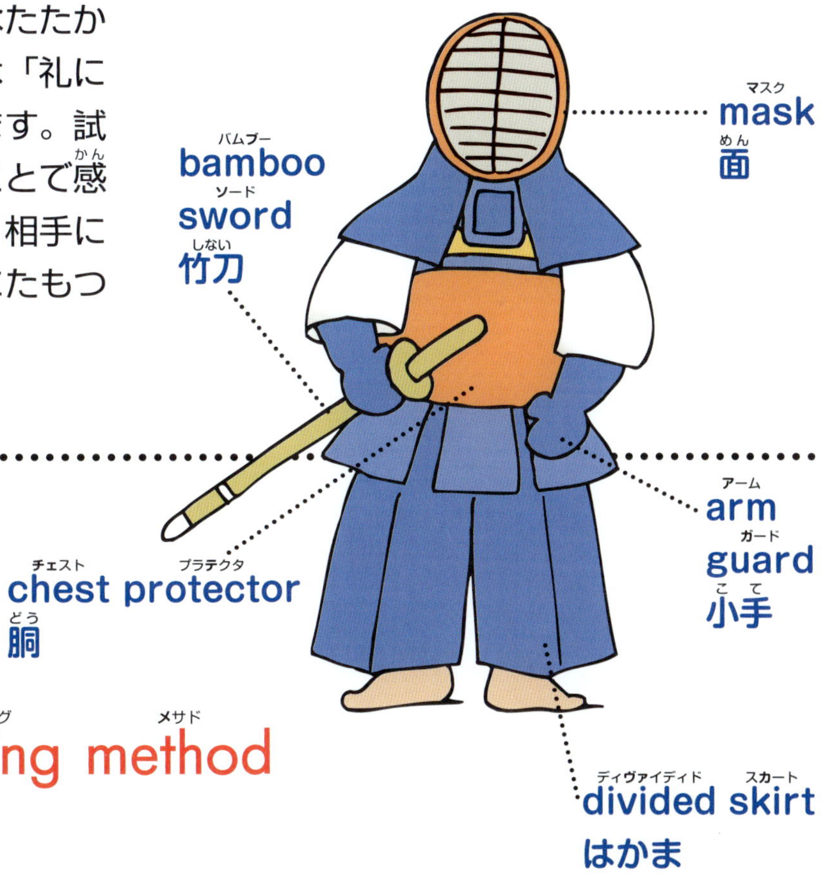

bamboo sword 竹刀
mask 面
chest protector 胴
arm guard 小手
divided skirt はかま

Kendô is Japanese fencing.
剣道は日本のフェンシングです。

It used to be a training method for *samurai*.
さむらいの訓練がもとになっています。

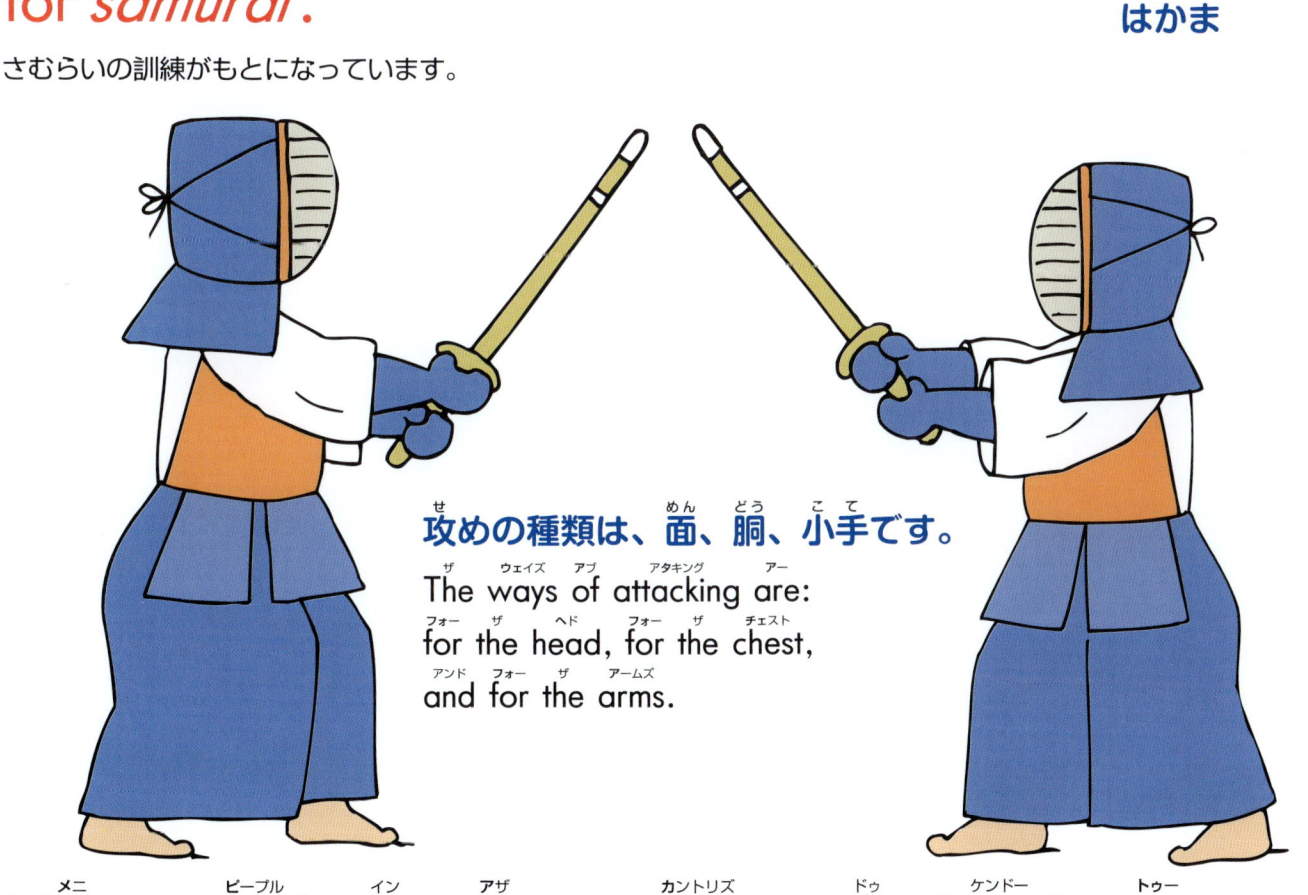

攻めの種類は、面、胴、小手です。
The ways of attacking are: for the head, for the chest, and for the arms.

Many people in other countries do *kendô*, too.
海外にも剣道をしている人たちがたくさんいます。

●相撲

Sumô is traditional Japanese wrestling.
相撲は伝統的な日本のレスリングです。

It was an event dedicated to the gods.
それは神にささげるための行事でした。

sumô wrestler 力士

referee 行司

sumô ring 土俵

They look strong.
強そうね。

大相撲 professional sumô

大相撲は、15日間の開催で年に6回ひらかれます。そのうちの半分は、東京の両国国技館でおこなわれます。
相手を土俵の外にだすか、土俵の中でたおすかで、勝負が決まります。

言葉メモ　traditional：伝統的な

●和楽器演奏

Wagakki are traditional Japanese musical instruments.

和楽器は、日本の伝統的な楽器です。

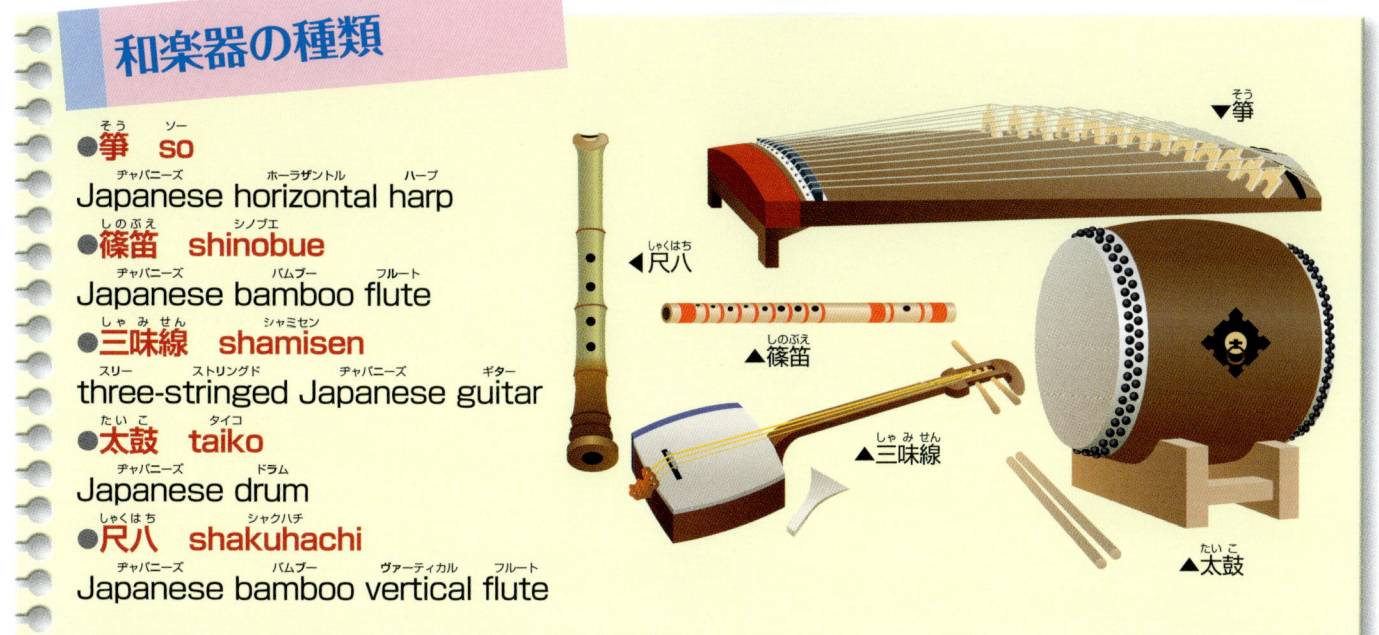

▲箏　▲篠笛

和楽器の種類

- ●箏　so
  Japanese horizontal harp
- ●篠笛　shinobue
  Japanese bamboo flute
- ●三味線　shamisen
  three-stringed Japanese guitar
- ●太鼓　taiko
  Japanese drum
- ●尺八　shakuhachi
  Japanese bamboo vertical flute

▼箏　◀尺八　▲篠笛　▲三味線　▲太鼓

COLUMN

学校行事 school events

●学芸会

***Gakugeikai* is a school festival.**

学芸会とは、校内のお祭りです。

We sing, dance, or perform plays.

歌ったりおどったり、劇をしたりします。

> Look inside the peach, Cathy.
> ももの中を見てみて、キャシー。

> Wow! It's a baby.
> わーっ！赤ちゃん。

> It's a famous Japanese folktale.
> 日本の有名な民話よ。

ももたろう 三年一組

言葉メモ festival：祭り　match：試合、競技

●運動会

Undôkai is a sports festival.

運動会は、スポーツのお祭りです。

We often make two teams, a red team and a white team.

And we have many different competitions.

紅白の二組にわかれます。そしていろいろな競技をします。

three-legged race
二人三脚

foot race
徒競走

ball-toss game
玉入れ

tug-of-war
綱引き

On your mark, get set, go!
位置について、用意、ドン！

Hooray, hooray! Go for it, red team!
フレー、フレー！がんばれ、赤組！

COLUMN

●遠足

Ensoku is a field trip.

遠足は学校で行く行楽です。

We enjoy nature and learn about society.

自然に親しんだり、社会について学んだりします。

What a great view!
なんていいながめなんだ！

Here we are!
着いたわ！

destinations 行き先

- play near the river 川で遊ぶ
- visit to a factory 工場見学
- go to the zoo 動物園に行く
- visit a farm 農園をおとずれる

言葉メモ visit：訪問する　historical：歴史的な

transportation 移動手段

- by train 電車で
- by bus バスで
- on foot 徒歩で

●修学旅行

Shûgaku ryokô is a school trip.

修学旅行は学校で行く旅行です。

It's for students and teachers of the sixth grade.

六学年の生徒と先生の旅行です。

Where do you usually go?

どういうところに行きますか？

We often visit historical places.

歴史的な場所によく行くわね。

We're going to *Nikkô* soon, Cathy.

キャシー、わたしたち、もうすぐ日光に行くわよ。

下校

four o'clock Gekô

We have a homeroom meeting before we go home.
下校前にホームルームをします。

That's all for today.
Good bye. See you tomorrow.
以上が連絡事項です。
さようなら。また明日ね。

Cathy, I have to rush.
I have a piano lesson.
キャシー、急ぐね。ピアノのおけいこがあるの。

Okay. I'm coming with you!
わかった。すぐ行くわ！

言葉メモ　meeting：会・会議

一日の授業のはじめと終わりに、クラスの朝の会、帰りの会があります。帰りの会で先生からの連絡事項を聞いたら、下校です。
　放課後、授業以外のクラブ活動か、図書室の仕事や学校新聞づくりなどの委員会活動のため、学校にのこる子どももいます。

Hello, Mrs. Ishikawa!
ただいま、恵美ちゃんのママ！

Welcome home, girls!
How was school?
おかえり、恵美、キャシー！
学校どうだった？

We're home, Mom!
ただいま、お母さん！

It was great!
My classmates are so friendly!
とってもよかったです！
クラスのみんながなかよくしてくれました！

ただいま／おかえりなさい

英語には、「ただいま」「おかえりなさい」にぴったりあてはまる言葉がありません。次の言葉がもっとも近いでしょう。
- **ただいま** ➡ I'm home.
- **おかえりなさい** ➡ Welcome home.

Welcome home.
I'm home.

習いごと

four forty — Naraigoto

Most students take lessons after school.
多くの生徒が放課後に習いごとをしています。

popular lessons
人気のある習いごと

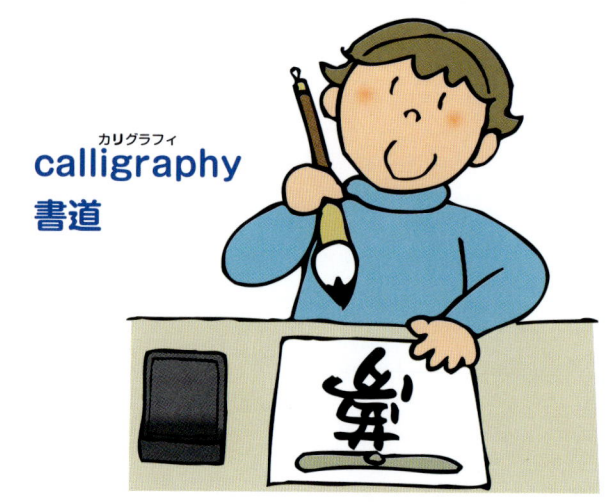

- **swimming** 水泳
- **jûdô** 柔道
- **ballet** バレエ
- **calligraphy** 書道
- **abacus** そろばん
- **English conversation** 英会話

言葉メモ　enjoy：楽しむ

日本の子どもの習いごとは、週に1〜2回で、1回のおけいこは、1〜2時間ぐらいが多いです。内容は、スポーツ、芸術、学習などさまざまです。

恵美
I enjoy taking piano lessons.
ピアノのおけいこって楽しいのよ。

キャシー
What are you playing?
何をひいているの？

恵美
I'm playing Mozart.
モーツァルトよ。

キャシー
I love my tennis lessons.
わたしはテニスのおけいこを楽しんでるわ。

海外豆知識　オーストラリアの子どもの習いごと

　人気があるのは、水泳やサッカー、テニス、ダンス、バレエ、ネットボールなどのスポーツです。
　ネットボールはバスケットに似たスポーツです。ドリブルの禁止など、女の子もプレーしやすいようにルールをかえています。

夕食

six fifty — Yûshoku

Many Japanese families eat both Japanese and Western food for dinner.

日本の家庭の夕食では、ふつう和風と洋風の料理がいっしょにならびます。

I'm hungry, Mom.
What's for dinner?

お母さん、おなかすいた。
夕食は何？

I made pork cutlets.
Can you wipe the table?

とんかつよ。
テーブルをふいてくれる？

言葉メモ　Western：西洋の

日本では、一日のうちでおかずが多くならび、量も多めなのが夕食です。家庭によって、夕食の時間はいろいろです。最近では、めん類が夕食にだされることもふえました。

What's your favorite food, Cathy?
キャシーの好物は何？

I like meat pie.
I miss my Mom's homemade meat pie.
ミートパイが好きよ。
ママ手づくりのミートパイが恋しいな。

salad
サラダ

hamburger steak
ハンバーグ

spaghetti
スパゲッティ

boiled beef and potatoes
肉じゃが

pork cutlet
とんかつ

grilled fish
焼き魚

curry and rice
カレーライス

soba noodles
そば

夕食によくでる料理

ふろ

seven forty — Furo

Most Japanese bathtubs are deep, and the family takes turns soaking in the hot water. We clean ourselves in the washing area.

日本の浴そうのほとんどは深く、家族は順番に入浴します。
からだは洗い場で洗います。

- towel / タオル
- shower / シャワー
- bathtub / 浴そう
- washing area / 洗い場
- washbowl / 洗面器
- shampoo and conditioner / シャンプーとコンディショナー
- water scoop / 手おけ
- soap / せっけん

日本では、からだを洗ってから浴そうにはいります。かみを洗うのも浴そうの外です。浴そうのお湯はきれいに保ち、家族みんながつかえるようにします。
　一部の外国では、かみもからだも浴そうの中で洗い、ひとりがはいるごとにお湯をとりかえます。ふろと洗面所は、いっしょになっています（➡7ページ）。

how to take a bath
ふろのはいり方

First, wash your body outside the bathtub.
はじめに浴そうの外でからだを洗います。

Next, wash your hair.
かみも浴そうの外で洗います。

Then, soak in the bathtub and relax.
浴そうにつかってのんびりします。

銭湯 public bath house

銭湯は公共のふろで、男湯と女湯に分かれています。入り口でお金をはらい、脱衣場で服をぬぎます。そして、洗い場にはいってからだを洗ってから大きな湯船（浴そう）につかります。湯船につかりながら、かべにえがかれた富士山の絵などを見てあたたまると最高の気分になれます。

▲松の湯（東京都品川区）

だんらん・くつろぎ

eight o'clock — Danran/Kutsurogi

In the evening, we spend time with our families, doing our favorite things.

晩には自分たちの好きなことをして、家族でいっしょにすごします。

What do you do after dinner?
晩ごはんのあとどうしてるの？

I spend time with my family. We talk and watch TV.
家族といっしょにすごすの。
話をしたり、いっしょにテレビを見たりするわ。

I often read books in my room.
わたしは、よく部屋で本を読むわよ。

So do I!
わたしも本読むよ！

おやすみ

nine fifty — Oyasumi

Oyasumi in English is "good night".

「おやすみ」は英語で「グドナイト」です。

It's bed time, girls.
もうねる時間ですよ。

Okay, Mom.
わかったわ、お母さん。

ねるときは、ふとんをしいたり、ベッドをつかったりします。ねるときにひろげて、おきたときにたたんでしまえるふとんは、せまい日本の住宅にあった寝具です。ベッドにくらべ、落ちる心配がない、日にほしたりしやすい、というよい点もあります。

Mrs. Ishikawa, I like to sleep in this *futon*.
恵美ちゃんのママ、わたしふとんでねるのが気にいりました。

I am glad you like it.
気にいってくれてよかったわ。

I'm sleeping on the floor, but my body doesn't ache.
床の上にふとんをしいてねているのに、からだが痛くありません。

It's not a normal hard floor. It's a *tatami* mat.
床ではなくて、「たたみ」だからよ。

Good night!
おやすみ！

おやすみのあいさつ

Good night. おやすみなさい。
Sleep tight. ぐっすりねむってください。
Sweet dreams. よい夢を。
Have a good rest. ゆっくりやすんでください。

Sweet dreams.

ミニ情報
日本について知っているかな？
What do you know about Japan?

おもな日本の学校制度
Schools in Japan

from 12 to 15
12歳から15歳

中学校
junior high school

from 6 to 12
6歳から12歳

小学校
elementary school

1 to 3 years
1〜3年間

幼稚園
kindergarten

Going to elementary school and junior high school is compulsory.
小・中学校は、義務教育よ。

from 15 to 18
15歳から18歳

大学
university

大学院
graduate school

高等学校
high school

It takes 2 years or more.
2年以上

from 18 to 22
18歳から22歳

短期大学 junior college

ふつうの大学は4年間の修業期間ですが、短期大学は2〜3年間です。短期大学では職業や生活に役立つ知識を身につけます。近年は数がへっています。

▲早稲田大学講堂（東京都新宿区）

日本の家屋
Japanese home

ceiling 天井

sliding paper door 障子

hanging scroll 掛け軸

flower basin 花器

outdoor sitting area 縁側

alcove 床の間

threshold 敷居

Japanese homes are built to withstand humidity.
日本家屋は、湿度の高い気候にあったつくりをしているよ。

tiled roof
かわら屋根

kamoi
かもい

closet
おしいれ

The *tokonoma* is really nice.
床の間は、かっこいいね。

We take off our shoes before we enter our home.
家の中では、くつをぬぎます。

tatami mat
たたみ

家屋にあるもの
Typical items in Japanese homes

furniture 家具

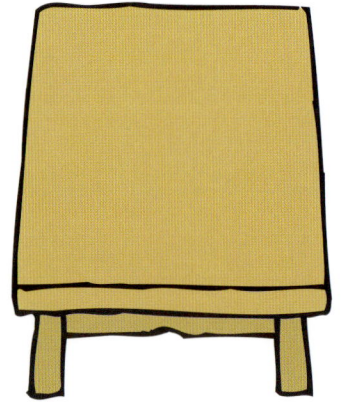

low table 座卓
お茶を飲んだり、食事をするときにつかう低いテーブルです。正座でつかいます。

wooden chest たんす
衣類やものをしまう引き出しがついたいれものです。

bedding 寝具

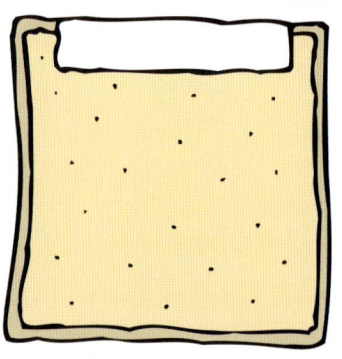

blanket 毛布

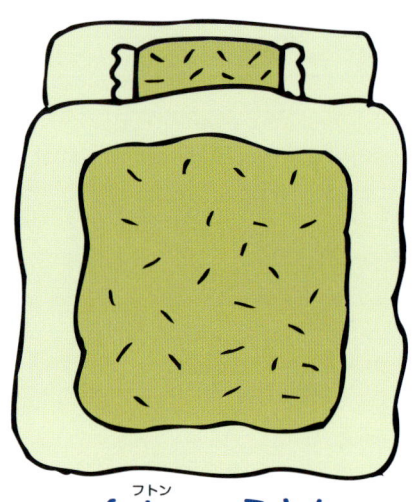

futon ふとん

altars 祭だん

shintô altar 神だな
家の中にそなえた神をまつるたなです。

buddhist altar 仏壇
仏像や先祖の位はいを安置します。

heaters 暖房器具

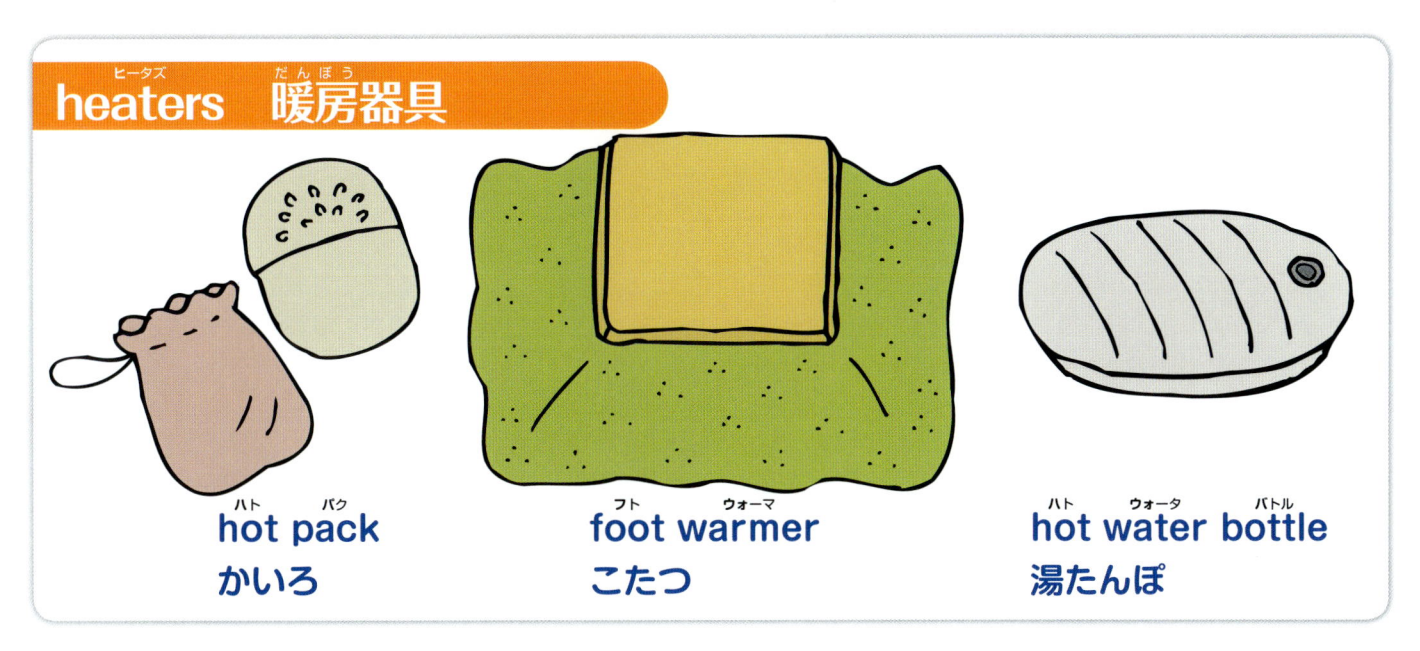

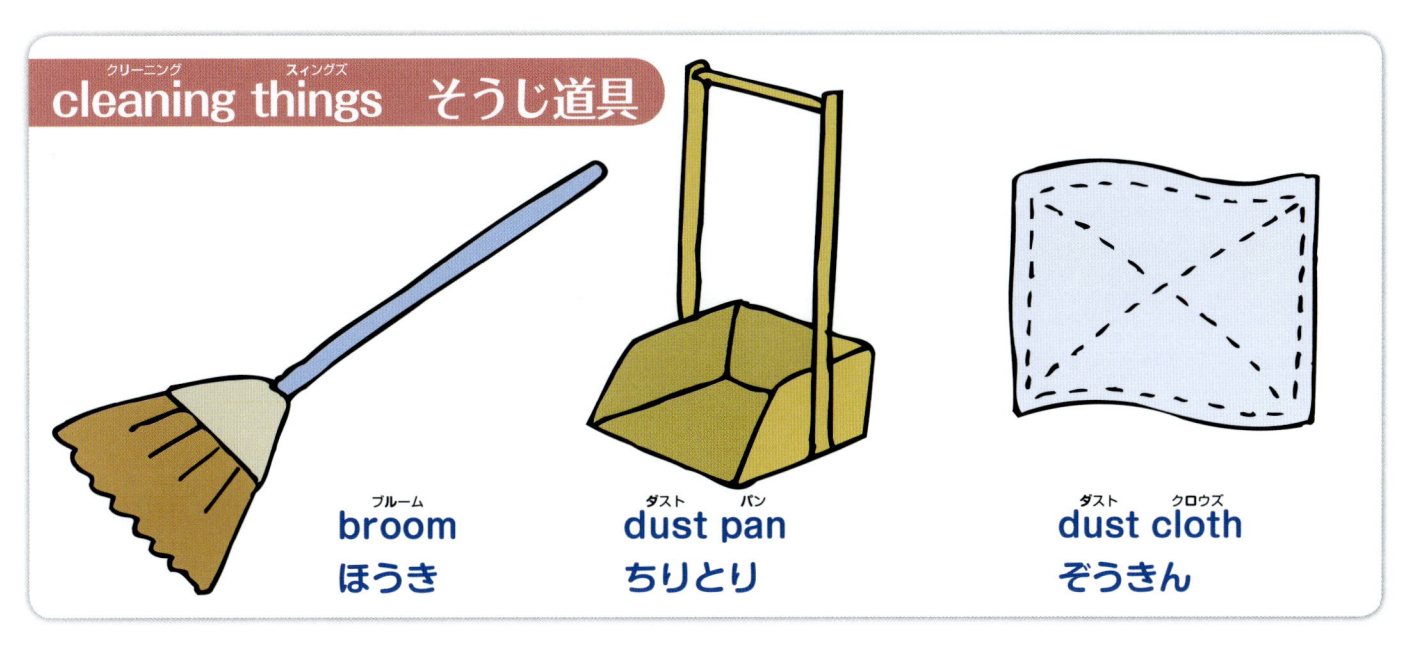

hot pack かいろ

foot warmer こたつ

hot water bottle 湯たんぽ

kitchenware 台所用品

cutting board まな板

kitchen knife 包丁

scrub brush たわし

cleaning things そうじ道具

broom ほうき

dust pan ちりとり

dust cloth ぞうきん

45

さくいん

あ行

あいさつ……………………………2巻14,15
秋の彼岸……………………………3巻18,19,45
秋祭り………………………………3巻20,45
あけましておめでとう……………3巻30
あずき………2巻8,9, 3巻19,23,27, 5巻33
あやとり……………………………5巻30,31
あんこ………………………………3巻9, 4巻39
家の新築……………………………2巻30
囲碁…………………………………5巻36,37
いただきます………………………4巻41
一汁三菜……………………………4巻40
一富士、二鷹、三茄子……………3巻31
いってきます・いってらっしゃい……1巻11
色おに………………………………5巻7
いろはかるた………………………5巻35
うがい………………………………1巻7
うさぎ………………………………3巻16,17
うどん…………………1巻19, 4巻20,21,45
うなぎのかば焼き…………………4巻12,13
馬とび………………………………5巻18
海辺の遊び…………………………5巻42
梅干し………………………2巻9, 4巻36,37
梅見…………………………………3巻44
運動会………………………………1巻25
駅弁…………………………………4巻26,27
絵馬…………………………………2巻38,39
縁側…………………………………1巻42
縁起もの……………………………2巻40
遠足…………………………………1巻26
大晦日………………………………3巻28,29,45
おかえりなさい……………………1巻29
お食い初め…………………………2巻9
贈りものにそえるもの……………2巻26
お好み焼き……………………4巻24,25,42
おじぎ………………………2巻14,15, 3巻31
お七夜………………………………2巻4,5
お月見………………………………3巻14,15,45
お手玉………………………………5巻32,33
お年玉………………………………3巻33
おにぎり……………………………4巻37
おにごっこ…………………………5巻6,7,9
おには外……………………………3巻34
お墓参り……………………………3巻18,19
お花見………………………………3巻4,5,44
おはよう……………………………1巻4

おはらい……………………………2巻45
お弁当………………………2巻9, 4巻26,37
お盆…………………………………3巻12,19,45
おみこし……………………………3巻20,21
お宮参り……………………………2巻6,7,44
おやすみ……………………………1巻38,39
おり紙………………………3巻11, 5巻28,29

か行

海産物………………………………4巻34,35
回転ずし……………………………4巻6
家屋にあるもの……………………1巻44
学芸会………………………………1巻24
かくれんぼ…………………………5巻8,9
かしわもち…………………………3巻9
数え年………………………………2巻11,33
かたかな……………………………1巻15,16,17
かつおぶし・かつおのけずりぶし……4巻24,25,43,44
学校行事……………………………1巻24
かぶと………………………………3巻8, 5巻28
かまくら……………………………5巻26,27
神だな………………………………1巻44
かるた………………………………5巻34,35
カレー……………………1巻19,33, 4巻14,15
かわら屋根…………………………1巻43
願かけ………………………………2巻39
缶けり………………………………5巻10,11
漢字…………………………1巻14,15,16,17
祈願…………………………………2巻38,39
季節の贈りもの……………………2巻24,25
義務教育……………………………1巻40
着物…………………………2巻18,19, 3巻11
給食…………………………………1巻18,19
教科…………………………………1巻12,13
教室…………………………………1巻12,13,19
くつをはく・くつをぬぐ…………1巻10,11
クラブ活動…………………………1巻20,29
クリスマス……………2巻25, 3巻24,25,45
敬語…………………………………2巻34,35
下校…………………………………1巻28
結婚式………………………2巻20,21,26,27
けん玉………………………………5巻21,22,23
剣道…………………………………1巻21
鯉のぼり……………………………3巻6,7
校舎…………………………………2巻12
香辛料・香味野菜…………………4巻45

国鳥…………………………………3巻41
黒板…………………………………1巻12
黒板消し……………………………1巻12
こたつ………………………………1巻45
ごちそうさま………………………4巻41
国花…………………………………3巻41
国旗…………………………………3巻41
子どもの日…………………………3巻7
ことわざ……………………………5巻35
こなもの……………………………4巻42
ごはん……………1巻8,9,18, 2巻8,9, 4巻9,33,36,40
こま…………………………………5巻21,24,25
米………2巻33, 3巻14,15,19,20,21,27, 4巻16,17, 5巻33
衣がえ………………………………2巻22,23

さ行

さいせん箱…………………………3巻31
桜……………………2巻12, 3巻4,5,41,43, 4巻38
参拝のしかた………………………3巻31
時間割………………………………1巻12
四季………………1巻13, 2巻23, 3巻43, 4巻38
七五三………………………………2巻10,11,44
七福神………………………………2巻42
地鎮祭………………………………2巻30
じゃんけん…………………………5巻4,5,7
修学旅行……………………………1巻27
柔道…………………………………1巻20,21,30
授業…………………………………1巻12,29
正月………3巻26,27,30,31,32,33,44, 4巻38
正月の遊び…………………………5巻40
正月の楽しみ………………………3巻32
正月料理・お節料理………………3巻32,33
小学校………………………………1巻40
将棋…………………………………5巻38,39
上棟式………………………………2巻31
しょうゆ……………1巻9, 4巻7,31,37,44,45
書道…………………………………1巻30
除夜の鐘……………………………3巻29
しりとり……………………………5巻44,45
神社……………2巻6,7,9,11,21,39,40,42,44
新入生………………………………2巻13
すきやき……………………………4巻10,28
すし…………………2巻17, 4巻4,5,6,7,23,45
相撲…………………………………1巻22
正座…………………………………2巻28

46

せいじんしき 成人式 …………………………2巻16,17	とうじ 冬至 ……………………………3巻22,23,45	**ま行**
せいふく 制服 ………………………………2巻23	とうふ 豆腐 …………………………4巻11,28,29,31	まぐろ ……………………………4巻5,6,7
せきはん 赤飯 ………………………………2巻8,9	としいわ 年祝い ……………………………2巻32	まつ 祭りばやし …………………………3巻21
せつぶん 節分 …………………2巻45, 3巻34,35,44	としこ 年越しそば …………………………3巻29	まね 招きねこ …………………………2巻40
せんがん 洗顔 …………………………………1巻6	どよう うし ひ 土用の丑の日 ………………………4巻13	ま 魔よけ ……………………………3巻19
せんぞ 先祖 ……………………3巻12,13,18,19	**な行**	みそ …………………………4巻31,37,44
せんとう 銭湯 ………………………………1巻35	なっとう 納豆 …………………1巻8,9, 4巻30,31	みそしる ………………1巻8, 4巻33,40
せん ば づる 千羽鶴 ………………3巻11, 5巻29	ぶぎょう なべ奉行 …………………………4巻11	みりん ……………………………4巻16,44
そうしき 葬式 ……………………2巻26,27,36,37	なら 習いごと …………………………1巻30,31	めいめいしき 命名式 ………………………………2巻5
そば ………1巻33, 3巻29, 4巻22,23,45	なわとび ………………………5巻12,13	めん ……2巻25, 4巻18,19, 20,21,22,23
そろばん ……………………………1巻30	にほんしゅ さけ 日本酒・酒 ……………2巻21,30, 4巻16	もち ………………2巻31, 3巻9,16,17,26,27, 4巻16,21, 5巻27
た行	にほん かおく 日本の家屋 ………………………1巻42	ごめ もち米 ……………2巻8,9, 3巻27, 4巻44
たいいくかん 体育館 ……………………………2巻12,13	にほん がっこうせいど 日本の学校制度 ……………………1巻40	もみじが もちつき・もちをつく …3巻16,17,26,27,45
だい しょくひん 大豆からつくる食品 ………………4巻31	にほん しょくじ きほん 日本の食事の基本 …………………4巻40	もみじ が 紅葉狩り ……………………………3巻45
だいどころようひん 台所用品 ……………………………1巻45	にほん 日本のシンボル ……………………3巻41	や もんじゃ焼き ………………………4巻42
たいふう 台風 ……………………………3巻42,43	にほん とくちょう 日本の特徴 …………………………3巻42	**や行**
たか 高おに ……………………………5巻7	にゅうがくしき 入学式 ……………………………2巻12,13	やく 厄 ………………………………2巻44,45
たくあん ………………………4巻36,45	にらめっこ ………………………5巻16,17	やく やく 厄よけ・厄をよける ……………2巻44,45
たけうま 竹馬 ……………………………5巻20,21	のやま あそ 野山の遊び …………………………5巻43	やさい 野菜 …4巻9,10,11,32,33,36,37,39,43
たけ 竹でつくられたおもちゃ ……………5巻21	のり ……………1巻8, 4巻5,18,21,35	ゆうしょく ばん 夕食・晩ごはん ……1巻32,33,37, 4巻11
たこあげ ………………3巻33, 5巻14	**は行**	ゆかた 浴衣 ………………………………2巻19
や たこ焼き ………………………4巻42,43	はいく 俳句 ……………………………1巻12,13	ゆず ………………………3巻22,23, 4巻45
ただいま ……………………………1巻29	はし ……………………1巻8,18, 4巻7	ゆ 湯たんぽ …………………………1巻45
たたみ ……………1巻39,43, 2巻29	かた はしのもち方 ………………………4巻40	ゆぶね 湯船 ………………………………1巻35
たなばた 七夕 …………………2巻45, 3巻10,45	はつもうで 初詣で ………………2巻44, 3巻31	よう い 用意、ドン ………………………1巻25
たび ………………………………2巻18	はつゆめ 初夢 ………………………………3巻31	よくしつ 浴室 ………………………………1巻6,7
たび たの 旅の楽しみ ………………………4巻26	はな 花まつり …………………………3巻44	よく 浴そう ……………………………1巻34,35
だるま ……………………………2巻41	は 歯みがき ……………………………1巻6	**ら行**
だんご ……………………3巻9, 4巻16	バレンタインデー ………………3巻36,44	ラーメン ……………………1巻19, 4巻18,19
たんご せっく 端午の節句 ……………2巻45, 3巻6,44	ひがん 彼岸 ……………………3巻18,19,44,45	ランドセル …………………1巻17, 2巻12
たんざく 短冊 ………………………………3巻11	まつ ひな祭り …………………3巻38,39,44	りきし 力士 ………………………1巻22, 5巻28
だんぼう き ぐ 暖房器具 ……………………………1巻45	ひ まる 日の丸 ………………………………3巻41	りょくちゃ 緑茶 ………………………………4巻7,39
だんらん・くつろぎ …………………1巻36	ひらがな …………………1巻15,16,17	**わ行**
ちとせ 千歳あめ …………………………2巻11	ふく うち 福は内 ………………………………3巻34	わがし 和菓子 ……………………………4巻38,39
ちまき ………………………………3巻9	ふじさん ふじ 富士山・富士 ……………1巻35, 3巻31,41	わがっき 和楽器 ………………………………1巻23
ちゅうがっこう 中学校 ……………………………1巻40	ぶし 武士 ………………………………3巻8	わさび …………………4巻7,22,23,45
ちゅうげん せいぼ 中元・歳暮 …………………2巻24,25,26,27	ぶつだん 仏壇 ………………………1巻44, 3巻19	わしつ 和室 ………………………………2巻28,29
ちょうじゅ いわ ゆらい 長寿の祝いと由来 …………………2巻33	ふとん ……………………………1巻5,39,44	わしつ さほう 和室の作法 …………………………2巻28
ちょうしょく 朝食 ………………………………1巻6,8,9	ふ 振りそで ………………………2巻17,18	わしょく 和食 ………………………1巻8, 4巻44,45
ちょうみりょう 調味料 ……………………………4巻44	ふろ ……………1巻7,34,35, 3巻9	わ 和だこ ……………………………5巻14,15
つき 月のもよう …………………………3巻16	ほうかご 放課後 …………………………1巻29,30	わ 割りばし ……………………………4巻22
つきみだんご 月見団子 …………………………3巻14,15	ホームルーム …………………………1巻28	
つけもの ………1巻8, 2巻9, 4巻36,37	ぼん 盆おどり ………………2巻19, 3巻13	
つゆ つゆ 梅雨・梅雨いり ………………3巻42,43,44	ぼん 盆だな ……………………………3巻12,13	
てん 天ぷら ……………………………4巻8,9		
とうこう 登校 ………………………………1巻10,11		

■ **監修**
居村啓子（いむら けいこ）
立教大学
1960年ハンブルグで生まれる。上智大学大学院言語学修士課程修了。児童図書出版社、児童英語教育機関勤務を経て、現在立教大学異文化コミュニケーション学部助教。主な著書にSong and Chants2（mpi）Funny Alphabet World（mpi）などがある。

■ **執筆協力**
Jacob Schnickel

■ **編集・制作**
有限会社データワールド

■ **イラスト**
あべつせこ
立川裕二

■ **装丁・デザイン**
山田孝之

■ **編集協力**
土部冴子
金田陽子

■ **写真・取材協力（順不同・敬称略）**
松の湯
早稲田大学
戸田市立新曽北小学校
新宿区立富久小学校

英語ルビ
BASIC PROGRESSIVE ENGLISH DICTIONARY（小学館）参照

ポプラ社はチャイルドラインを応援しています

18さいまでの子どもがかけるでんわ
チャイルドライン®
0120-99-7777
毎日午後4時〜午後9時　※12/29〜1/3はお休み
電話代はかかりません　携帯（スマホ）OK

18さいまでの子どもがかける子ども専用電話です。
困っているとき、悩んでいるとき、うれしいとき、
なんとなく誰かと話したいとき、かけてみてください。
お説教はしません。ちょっと言いにくいことでも
名前は言わなくてもいいので、安心して話してください。
あなたの気持ちを大切に、どんなことでもいっしょに考えます。

チャット相談はこちらから

Welcome to Japan!
英語で日本を紹介しよう❶
日本の学校と生活
School Life and Daily Life in Japan

発　行	2012年3月　第1刷Ⓒ
	2024年4月　第7刷
監　修	居村啓子
発行者	加藤裕樹
編　集	浦野由美子
発行所	株式会社ポプラ社
	〒141-8210
	東京都品川区西五反田3-5-8
ホームページ	www.poplar.co.jp
印刷・製本	図書印刷株式会社

ISBN 978-4-591-12810-7
N.D.C.837/47P/29cm
Printed in Japan

落丁・乱丁本はお取り替えいたします。
ホームページ（www.poplar.co.jp）のお問い合わせ一覧よりご連絡ください。
読者の皆さまからのお便りをお待ちしております。
いただいたお便りは監修・執筆・制作者へお渡しします。
無断転載・複写を禁じます。

P7117001

Welcome to Japan!

英語で日本を紹介しよう 全5巻

監修：居村啓子

1 日本の学校と生活
School Life and Daily Life in Japan

2 日本のしきたり
Japanese Traditions

3 日本の四季と行事
Events for the Four Seasons in Japan

4 日本の食べもの
Japanese Food

5 日本の遊び
Japanese Games and Activities

●小学校中学年～中学生向き　●各47ページ　●N.D.C.837
●A4変型判　●オールカラー　●図書館用特別堅牢製本図書